Grifftabelle
für Sopran- und Tenorblockflöte in C

● = geschlossenes Griffloch
○ = geöffnetes Griffloch
Ø = halb geöffnetes Griffloch

Printed in Germany

zu ED 2661

Triller-Tabelle

Der Finger, welcher den Triller ausführt, ist mit + bezeichnet.

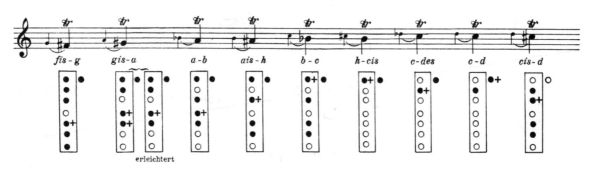

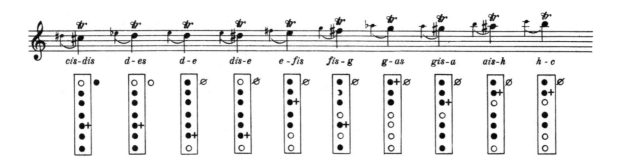

Kleine Notenlehre

Unser Tonsystem läßt sich auf sieben Stammtöne zurückführen, die nach den Buchstaben c d e f g a h benannt werden. Sie wiederholen sich in gleicher Aufeinanderfolge in den hohen und tiefen Tonlagen.
Die schriftlichen Zeichen für die Töne sind die Noten
Um die Tonhöhe der Noten festzustellen, schreibt man sie

auf u. zwischen fünf Linien

Um die Namen der Noten zu bestimmen, bedient man sich sogenannter Schlüssel. Für die Blockflöte kommt allein der G- oder Violinschlüssel in Betracht. Er steht auf der zweiten Linie des Liniensystems und so heißt die Note dieser Linie:

Da uns die Reihenfolge der Stammtöne bekannt ist, wird es uns leicht sein, von der Schlüsselnote g aus die anderen Noten

selbst zu bestimmen.

Zur Notierung höherer und tieferer Noten verwendet man

Hilfslinien, d. h. abgekürzte Notenlinien.

Aus folgender Tonleiter ist der Umfang der Sopranflöte c"
(Klang eine Oktave höher als Schreibweise) ersichtlich:

eingestrichene Oktave zweigestrichene Oktave dreigestrichene Oktave

Zeitwert der Noten

Der unterschiedliche Zeitwert der Noten wird durch die Schreibweise gekennzeichnet.

Tabelle über den Wert der Noten

Die ganze Note

= 2 Halbe

= 4 Viertel

= 8 Achtel

= 16 Sechzehntel Noten

Die Pausen

Dem Wert der Noten entsprechend gibt es folgende Pausen:

Ganze- Halbe- Viertel- Achtel- Sechzehntel Pause

Ein Punkt hinter einer Note verlängert deren Wert um die Hälfte

Taktarten

Jedes Musikstück läßt sich in regelmäßig wiederkehrende Gruppen von gleichem Zeitwert einteilen, die man Takt nennt. Sie werden durch senkrechte Striche - die Taktstriche - voneinander getrennt. Taktarten, die 2 und 4 gleiche Zeiteinheiten in einem Takt zusammenfassen ($^2/_2$, $^2/_4$, $^2/_8$, $^4/_4$) heißen gerade Taktarten, solche die 3 oder 6 Einheiten zusammenfassen ($^3/_2$, $^3/_4$, $^3/_8$, $^6/_4$, $^6/_8$) ungerade Taktarten.

Die Versetzungszeichen

Die Stammtöne c, d, e, f, g, a, h können durch ein »Kreuz« ♯ um einen halben Ton erhöht, durch ein »Be« ♭ einen halben Ton erniedrigt werden. Das »Auflösungszeichen« ♮ vor einer Note hebt die Bedeutung eines vorangegangenen ♯ oder ♭ wieder auf.

Erhöhung durch ♯. Der Notenname bekommt die Endsilbe »is«.

f fis g gis a ais h his c cis d dis

Erniedrigung durch ♭. Der Notenname bekommt die Endsilbe »es«.

Ausnahmen: a-es heißt as, e-es heißt es. Das erniedrigte h heißt b.

g ges a as h b c ces d des e es

Die Versetzungszeichen, die am Anfang eines Stückes stehen, kennzeichnen die Tonart und gelten für das ganze Stück. Erscheint ein Versetzungszeichen innerhalb eines Taktes, so gilt es nur für die gleichnamigen Noten dieses Taktes, sofern es nicht durch ein Auflösungszeichen widerrufen wird.

Vom Transponieren

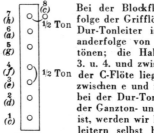

Bei der Blockflöte entspricht die Reihenfolge der Grifflöcher der Dur-Tonleiter. Die Dur-Tonleiter ist eine bestimmte Aufeinanderfolge von 5 Ganztönen und 2 Halbtönen; die Halbtöne liegen zwischen der 3. u. 4. und zwischen der 7. u. 8. Stufe. Bei der C-Flöte liegen also die Halbtonschritte zwischen e und f und zwischen h und c. Da bei der Dur-Tonleiter die Aufeinanderfolge der Ganzton- und Halbtonschritte die gleiche ist, werden wir leicht alle anderen Dur-Tonleitern selbst bilden können. Wollen wir beispielsweise eine Tonleiter auf D aufbauen, so müssen wir den 3. und 7. Ton der neuen Leiter um einen halben Ton erhöhen, denn von 2 zu 3 und von 6 zu 7 muß jetzt wieder ein Ganztonschritt sein und von 7 zu 8 ein Halbtonschritt.

Bilden wir eine Tonleiter auf F, so müssen wir den 4. Ton um einen halben Ton erniedrigen.

Wenn wir die Tonleiter in ihrem Aufbau verstanden haben und damit wissen, wie die Stufen aufeinanderfolgen, sind wir auch in der Lage, zu »transponieren«, d. h. ein Lied oder ein Stück in einer höheren oder tieferen Tonlage zu spielen.

Verlag: B. Schott's Söhne, Mainz 35 869

Flötenbüchlein für die Schule

zum Singen und Spielen

zugleich Anleitung zum Erlernen der Schulblockflöte in C

von

HEINRICH ROHR und FRANZ LEHN

Band I . . . . ED 2661

Band II . . . . ED 4245

(Ergänzungsheft)

B. SCHOTT'S SÖHNE · MAINZ

Schott & Co. Ltd., London · Schott Music Corp., New York

Vorwort zur Neuauflage

Das Flötenbüchlein hat seit seinem Erscheinen immer größeren Zuspruch gefunden; dies bestätigt den Verfassern die Richtigkeit des hier eingeschlagenen Weges. Trotzdem war es notwendig, in einem Neudruck die heute in der Schule gebräuchliche Druckschrift zu verwenden. Bei dieser Gelegenheit wurden einige weitere Anregungen zu einem lebendigen Unterricht gegeben, die jedoch die Auswahl des Stoffes und den methodischen Aufbau nicht berühren.

Obwohl das vorliegende Büchlein zu einem gewissen Abschluß im Flötenspiel führt, wurde dennoch auf vielfachen Wunsch der Lehrer und Musikerzieher ein Ergänzungsheft (Band II) herausgegeben. Es beabsichtigt, mit den ausgewählten Liedern und Stücken die Spielfertigkeit zu vervollkommnen, die bisher gewonnenen Elementarkenntnisse zu vertiefen und weiterzuführen und neue Möglichkeiten im Zusammenspiel mit anderen Instrumenten (Altblockflöte u. a.) zu geben. Beide Bände vermitteln außerdem eine Grundlehre der Musik und können über ihren instruktiven Zweck hinaus auch auf die mannigfaltigste Weise für die Feiergestaltung in Schule und Haus benutzt werden.

Heinrich Rohr und Franz Lehn

Vorwort an den Lehrer

Aus der Singstunde von früher ist eine Musikstunde geworden. In Verbindung mit dem Lied erfolgt heute die Einführung in die elementare Musiklehre. Melodie- und Schlaginstrumente werden zur Belebung und Vertiefung herangezogen. Unter den Melodie-Instrumenten, die für die Schule in Frage kommen, nimmt die Blockflöte die erste Stelle ein. Sie ist billig, handlich, verhältnismäßig leicht erlernbar und dennoch musikalisch vollwertig.

Man kann die Blockflöte solistisch, chorisch, sowohl in Verbindung mit Gesang als auch mit anderen Instrumenten, verwenden. Aber von ganz besonderem Wert für die Schule ist es, daß durch das Erlernen eines solchen Instrumentes eine vertiefte Musikerziehung möglich ist. (Rhythmik, Melodik, Notenkunde, Harmonie- und Formenlehre).

Es gibt wohl genügend Anleitungen zum Blockflötenspiel, aber dennoch erschien es notwendig, gerade für die Schule ein Flötenbüchlein herauszubringen, das folgende Ansprüche erfüllt: 1. es muß ein *Singbuch* sein (Singen ist Ausgangspunkt aller musikalischen Erziehung). 2. es muß eine in jeder Beziehung *stufenmäßige* Anleitung sein, die auf *kindliche* Fassungskraft eingestellt ist.

In dem vorliegenden Flötenbüchlein für die Schule findet das Kind bekanntes und neues Liedgut in ein- und mehrstimmigen Sätzen, reine Spielstücke und abschließend auch einige Stücke unserer großen Meister, aber alles im Bereich der C-Flöte. Hin und wieder wurden Akkordbezeichnungen für ein Begleitinstrument angegeben.

Im allgemeinen wird es für den Lehrer nicht schwer sein, an Hand dieses Büchleins die Kinder in das Spiel der Blockflöte einzuführen. Fragen, die mehr die allgemeine Musiklehre betreffen, konnten nur angedeutet werden; der Lehrer möge je nach der Vorbildung der Schüler darauf eingehen. Es sei hier gesagt, daß es nicht damit getan ist, eine Schule in möglichst kurzer Zeit „durchzuspielen", sondern daß es darauf ankommt, überall und auf jeder Stufe musikalisches Leben zu wecken. So wird man neben dem Flötenbüchlein auch weitgehend entsprechendes Sing- und Spielgut heranziehen, wie es ein lebensnaher Unterricht erfordert. Von großem Wert für die Kinder ist außerdem noch die Benutzung eines Notenschreibheftes. Hier können rhythmische Übungen erweitert, selbst erfundene Melodien und Rhythmen oder sonst gehörte Stücke und Lieder aufgeschrieben werden.

Mögen die Flötenbüchlein mithelfen, viele Freunde für die Musik zu gewinnen, insbesondere aber aus den Reihen unserer Schuljugend.

ERSTES KAPITEL

Behandlung der Flöte

Kauft kein minderwertiges Instrument! Ein gutes Instrument ist die Voraussetzung für ein schönes und tonreines Spiel.
Verwahrt die Flöte in einem Täschchen. Schützt sie vor Feuchtigkeit, allzu großer Hitze und Kälte!
Laßt beim Blasen möglichst wenig Speichel eindringen („trocken" blasen!).
Nach dem Spielen Kopfstück (durch Drehen!) abnehmen, beide Teile auswischen!

Die geringste Beschädigung der Aufschnittkante macht die Flöte unbrauchbar. Nicht imprägnierte Flöten müssen von Zeit zu Zeit mit einem säurefreien Öl durchgewischt werden; dabei darf in die Kernspalte kein Öl eindringen. Das Instrument dann einen Tag nicht spielen. Spricht die Flöte nach einigem Spielen nicht mehr gut an, Aufschnittkante mit dem Zeigefinger bedecken, kurz und kräftig hineinpusten.

Haltung der Flöte – Lage der Finger

Das Griffbild zeigt euch die Lage der Finger. Achtet darauf, daß die Finger möglichst flach auf den Grifflöchern aufliegen, also nicht mit der Kuppe, sondern mit den Ballen die Löcher decken. Die Flöte wird

schräg nach vorn gehalten, die Arme dürfen den Körper nicht berühren. Setze das Mundstück lose zwischen die Lippen. Presse die Lippen nicht krampfhaft zusammen!

O offenes Loch
◑ halboffenes Loch
● geschlossenes Loch

Daumen (linke Hand) 0 — 7 Zeigefinger ⎫ 6 Mittelfinger ⎬ linke Hand 5 Ringfinger ⎭
4 Zeigefinger ⎫ 3 Mittelfinger ⎪ 2 Ringfinger ⎬ rechte Hand 1 Kleiner Finger ⎭

Die ersten Töne

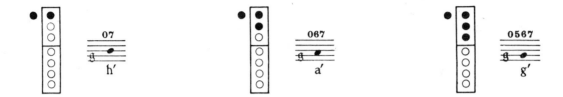

Schöne Tongebung

Wir greifen nun den Ton *h*, atmen tief und ruhig ein. Beim Atmen nicht die Schultern heben! Wir stoßen den Atem mit einem „dü" an, lassen ihn ruhig und gleichmäßig ausströmen, halten den Ton möglichst lange und schließen ihn ab, indem wir die Zunge leicht an die Oberzähne schlagen. Genau so blasen wir auch die Töne *a* und *g*. — Mit diesen drei Tönen können wir schon kleine Übungen und Liedchen blasen. Zuvor aber wollen wir sie möglichst singen oder summen. Das Blasen fällt uns dann leichter. Der Lehrer achte anfangs sehr darauf, die Schwierigkeiten nicht zu häufen. So sollen die Kinder nicht eher von Noten spielen, bis sie diese drei Töne mühelos greifen können.

Notenwerte

Bei den nächsten Übungen ist nun auch auf die Notenwerte zu achten. Wir wiederholen, was wir in der Schule bereits über die Notenwerte gelernt haben:

o	Ganze Note – Vierzähl= oder Vierschlagnote	▬ Ganze Pause
♩ ♩	Halbe Note – Zweizähl= oder Zweischlagnote	▬ ▬ Halbe Pause
♩ ♩ ♩ ♩	Viertel Note – Einzähl= oder Einschlagnote	⅀ ⅀ ⅀ ⅀ Viertel Pause

Die ersten Übungen und Liedchen

Übungen auf einem Ton (h´, a´ oder g´)

Zuerst wird der Rhythmus geklatscht oder auf einem Schlaginstrument wiedergegeben

Übungen auf verschiedenen Tönen

Erfinde ähnliche Übungen und schreibe sie auf!

3 Übt nur im - mer flei - ßig, kommt ihr rasch vor - an!

Der Lehrer möge alle Übungen je nach Bedarf erweitern. Besonders auf schönen „singenden" Flötenton und auf gute Haltung der Flöte achten!

Die ersten Liedchen

4 Kin - der kommt zu uns her - ein, da soll es recht lu - stig sein!

Spie - let fein, groß und klein, laßt die Flö - ten klin - gen!

5 Nik - laus ist ein bra - ver Mann, bringt den klei - nen Kin - dern was, die

Gro - ßen läßt er lau - fen, die kön - nen sich was kau - fen.

6 Al - le uns - re Tau - ben sind schon lange wach, sit - zen auf dem Re - gen-faß, wer gibt denn uns Tau - ben was?
sit - zen auf den Lau - ben, sit - zen auf dem Dach,

DRITTES KAPITEL

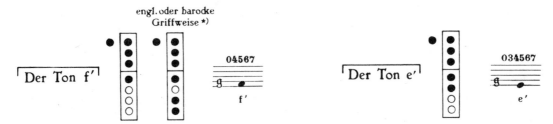

Nachdem wir mit dem neuen Ton f einige Übungen gemacht haben, spielen wir das Lied Nr. 5 noch einmal, beginnen aber eine Stufe tiefer. Wir versetzen das Lied (transponieren).

Nikolaus

7 Nik - laus ist ein bra - ver Mann, bringt den klei - nen Kin - dern was, die
Gro - ßen läßt er lau - fen, die kön - nen sich was kau - fen.

Versetzt ebenso Nr. 4 und Nr. 6! Erst aufschreiben, dann spielen!

Steig auf das Bergle | Dreiviertelnote, Dreizähl - oder Dreischlagnote ♩. |

8 Steig auf das Berg - le, doch fall nicht her - ab, herz - lie - bes Schätz - le, brichs Füß - le nicht ab.

*) Beim Erlernen der Blockflöte mit engl. oder barocker Griffweise empfiehlt es sich, das 3. Kapitel nach dem 4. oder 5. Kapitel zu behandeln, und zwar Nr. 9, 10, 11 zuerst und dann Nr. 7 und 8.

Ringel, Ringel, Rosen

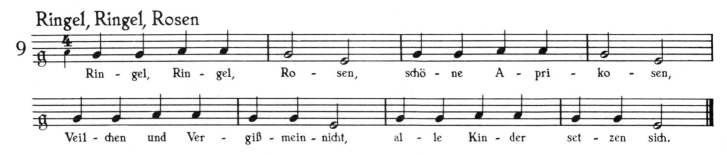

9 Rin - gel, Rin - gel, Ro - sen, schö - ne A - pri - ko - sen,
Veil - chen und Ver - giß - mein - nicht, al - le Kin - der set - zen sich.

Hänschen saß am Schornstein | Die Viertelpause

10 Häns - chen saß am Schorn - stein und flick - te sei - ne
Häns - chen, lie - bes Häns - chen, du plagst dich im - mer -
Schuh. Da kam ein klei - nes Mäd - chen und sah ihm flei - ßig zu.
- zu. Ei, fahr mit mir ins Städt - chen und kauf dir neu - e Schuh.

Kleines Stück

11

Schreibe den Rhythmus von Nr. 9 und Nr. 11 auf (eine Notenlinie). Klatsche oder gehe den Rhythmus. Spielt ihn auch auf Triangel oder Trommel!

Im Tonumfang von *e'—a'* liegen eine große Anzahl von Kinderreimen. Aufsuchen und aufschreiben! z. B.: Ringel, Ringel, Reihe / Storch, Storch, Schniebel, Schnabel / Schneck, Schneck komm heraus... Erfindet auch selbst Texte und Melodien mit diesen Tönen!

VIERTES KAPITEL

Wir atmen beim Spielen wie beim Singen. Das ⎮ ist ein Atem= aber kein Pausezeichen. Damit an der Atemstelle keine Pause entsteht, wird die vorhergehende Note etwas gekürzt und rasch Atem geholt.

12 1. Ist ein Wolf in' Brunn' ge-fal-len, 2. (Auch im Kanon!) hab ihn hö-ren plump-sen,

wär er nicht hin - ein-ge-fal-len, wär er nicht er - trun-ken.

Kuckuck

13 Kuk-kuck, Kuk-kuck, ruft's aus dem Wald. Las-set uns

sin - gen, tan - zen und sprin - gen. Früh - ling, Früh - ling wird es nun bald.

*) Diese Töne sind durch " näher bezeichnet zur Unterscheidung von dem 8 Töne (=1 Oktave) tiefer klingenden *c'* und *d'* (vergleiche 6. Kapitel). Unsere Schul= flöte klingt aber 1 Oktave höher als sie notiert wird. Ihr tiefster Ton ist also nicht *c'* sondern *c''*. Sie „steht" in *c''*. Unsere Bezeichnung richtet sich jedoch nach der Lage der geschriebenen Note (Notenbild), nicht nach dem Klang. (Der Lehrer möge aber auf diese Erwägungen erst an späterer Stelle genauer eingehen, vielleicht dann, wenn noch Flöten in anderer Stimmung herangezogen werden.)

**) Die erste Gruppe wartet am ⌢ (Ruhezeichen) auf die 2. Gruppe!

Selbst weitersuchen und aufschreiben. Spielt den Kuckucksruf auch von *c''* und von *g'* aus. Vergeßt die Notennamen nicht. Schreibt Nr. 13, 15 ab. Setzt die Notennamen darunter!

Summm, summ — Die halbe Pause

Summ, summ, summ, Bienchen summ herum. Ei, wir tun dir nichts zuleide, flieg nur aus in Wald und Heide. Summ, summ, summ, Bienchen summ herum.

Hänsel und Gretel

1. Hänsel und Gretel verirrten sich im Wald. Es war so finster und auch so grimmig kalt. Sie kamen an ein Häuschen von Pfefferkuchen fein: Wer mag der Herr wohl von diesem Häuschen sein?

2. Hu, hu, da guckt eine alte Hexe raus,
sie lockt die Kinder zu sich ins Zuckerhaus.
Sie tat mit ihnen freundlich, als hätt' es keine Not,
wollte sie backen und essen dann zum Brot.

3. Als nun die Hexe zum Ofen guckt hinein,
ward sie gestoßen von unserm Gretelein.
Sie mußt im Feuer braten, die Kinder gehn nach Haus.
Jetzt ist das Märchen von Häns'l und Gretel aus.

Kanon

Laßt uns flöten, singen, tanzen, laßt uns fröhlich musiziern.

FÜNFTES KAPITEL

Die Achtelnote

Bei Einführung der Achtelnote ist es ratsam, rhythmische Übungen (ähnlich wie im 2. Kapitel) vorausgehen zu lassen:

Lieder können auch als rhythmische Übungen gebraucht werden.

17

Bald in Vier - tel, bald in Ach - tel sin - gen wir.
(spie - len)

(Nacheinander schließen)

Kurze rhythmische Übungen vorblasen; aufschreiben lassen!
Sind zwei oder mehrere Noten mit einem Bogen ⌢ verbunden, dann stoßen wir nur die erste an: wir „binden" (spielen also zwei oder mehrere Töne auf ein „dü").

Bäuerlein, Bäuerlein, tick, tick, tack

18

Bäu - er - lein, Bäu - er - lein, tick, tick, tack. Hast ei - nen gro - ßen Ha - fer - sack,

hast viel Wei ~ zen und viel Kern, Bäu ~ er ~ lein, hab dich gar zu gern.

2. Bäuerlein, Bäuerlein, tick, tick, tack, komm zu dir mit Sack und Pack, komm zu dir nur, daß ich lern, wie man ausdrischt Korn und Kern.

3. Bäuerlein, Bäuerlein, tick, tick, tack, ei wie ist denn der Geschmack von dem Korn und von dem Kern, daß ichs unterscheiden lern.

Winter, ade!

19 Win ~ ter, a ~ de! Schei ~ den tut weh, a ~ ber dein Schei ~ den macht, daß mir das Her ~ ze lacht, Win ~ ter, a ~ de! Schei ~ den tut weh.

Der Auftakt ist ein unvollständiger Anfangstakt, der sich mit dem Schlußtakt zu einem vollen Takt ergänzt

Ich hör ein Sichlein rauschen

16. Jahrh.

20 Ich hör ein Sich ~ lein rau ~ schen, wohl rau ~ schen durch das Korn, ich hör ein Mägd ~ lein kla ~ gen, sie hätt' ihr Lieb ver ~ lorn.

14

Tänzchen (Blumenwiese)

F. L.

21

Nehmt auch zu anderen Liedern und Stücken Schlaginstrumente hinzu!

Wir sind zwei Musikanten*)

Altes Kinderspiel

22

Wir sind zwei Mu - si - kan - ten und komm'n aus Schwa - ben - land, wir sind zwei Mu - si -

- kan - ten und komm'n aus Schwa - ben - land. Wir kön - nen spie - len, Vi - o - Vi - o - Vi - o - lin,

wir kön - nen spie - len, Baß, Vi - ol und Flöt. Und wir könn'n tan - zen hop - sa - sa,

hop - sa - sa, hop - sa - sa, und wir könn'n tan - zen hop - sa - sa, hop - 'sa - sa.

*)In verschiedenen Liedern sind die Atemzeichen (!) weggelassen, tragt sie selbst ein!

SECHSTES KAPITEL

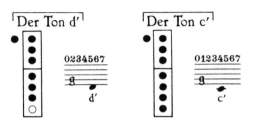

Diese beiden Töne, besonders der Ton *c'*, sind nicht leicht zu blasen. Ihr müßt sie mit viel Geduld üben. Blast leise, aber bestimmt! Überzeugt euch, ob der nächsthöhere Ton gut anspricht! Wenn die Töne nicht gut ansprechen, liegt es meistens daran, daß die Grifflöcher nicht richtig geschlossen sind.

Kleiner Spielkanon | Die ganze Pause ▬ |

Sucht einen Text hierzu!

Abendlied

Aus dem Odenwald

1. Nun wol-len wir sin-gen das A-bend-lied und be-ten, daß Gott uns be-hüt.
2. Es schei-nen viel Ster-ne wohl jeg-li-che Nacht, bis mor-gens die Son-ne er-wacht.

Nr. 12 mit *c'* anfangen! Versetzt noch weitere Lieder aus dem 4. oder 5. Kapitel, bestimmt jeweils den Anfangston!

Die beste Zeit im Jahr · Die Achtelpause ⁊

Aus dem 16. Jahrhundert

25

Die be - ste Zeit im Jahr ist mein, da sin - gen al - le Vö - ge - lein,

Him - mel und Er - de ist der voll, viel gut Ge - sang, der lau - tet wohl.

Zum Selbstsuchen: Ihr Kinderlein kommet... Guter Mond, du gehst so stille... Beginnt beidemale mit dem Ton *g*! Welche Taktarten?

Nachtwächterlied

26

Hört, ihr Herrn, und laßt euch sa - gen, uns - re Glock hat Zehn ge - schla - gen! Zehn Ge - bo - te

setzt Gott ein; gib, daß wir ge - hor - sam sein. Men - schen - wa - chen kann nichts nüt - zen,

Gott muß wa - chen, Gott muß schüt - zen. Herr, durch dei - ne Güt und Macht gib uns ei - ne gu - te Nacht!

Zum Selbstsuchen: Wer hat die schönsten Schäfchen... Weißt du wieviel Sternlein stehen... Fuchs, du hast die Gans gestohlen. Bestimmt An-
[fangston und Taktarten!

Hoppe, hoppe, Reiter

27

Hop-pe, hop-pe, Rei-ter, Schimmel will nicht wei-ter, Schimmel will nach Schwa-ben, wirft den Bub in Gra-ben.

Kanon

Nacheinander schließen

H. R.

28

Wa-chet auf, ihr Kin-der-lein! Die Nacht ent-flieht, der Tag bricht an, der

Mor-gen-strahl will jetzt her-ein, nun wa-chet auf, ihr Kin-der-lein, wa-chet auf.
(wacht auf)

Spinn, spinn

Anfang 19. Jahrh.

29

Spinn, spinn, mei-ne lie-be Toch-ter, ich kauf dir'n Paar Schuh. - zu. Ich
Ja, ja, mei-ne lie-be Mut-ter, auch Schnal-len da -

kann ja nicht spin-nen, es schmerzt mir mein Fin-ger, und tut, und tut, und tut mir so weh.

Kleines Zwischenspiel

Der punktierte Rhythmus ist den Kindern zunächst vom Singen her zum Bewußtsein zu bringen. Dann folgt die Erklärung der Schreibweise nebst einigen gesonderten Übungen.

Hans Spielmann

Volksweise

Hans Spiel-mann, der hat ei - ne ein-zi-ge Kuh, ver-kauft sei-ne Kuh, kriegt 'ne Fie-del da - für, ver-

-kauft sei - ne Kuh kriegt 'ne Fie-del da - für. Du gu-te al - te Vi-o-lin, du Vi-o-lin, du Fie-del mein.

Der Kehraus

Aus Kärnten

Christkindelein

Christ - kin-de-lein, Christ - kin-de-lein, komm doch zu uns her-ein! Wir ha - ben frisch Heu-

-bün - de - lein und auch ein gu-tes Gläs - chen Wein. Das Bün-de-lein fürs E - se-lein, fürs

Kin-de-lein das Glä - se-lein, und be - ten kön-nen wir auch, und be - ten kön-nen wir auch.

ACHTES KAPITEL

Das Erniedrigungszeichen ♭

Blast das Lied: „Ist ein Wolf in Brunn' gefallen" (Nr. 12)! Fangt aber diesmal mit *f'* an! Welcher Ton klingt falsch? — Warum? — Wir müssen den Ton *h'* tiefer spielen. Der neue Ton heißt *b*.

Gretel Pastetel

36

1. Gre-tel Pa-ste-tel, was ma-chen die Gäns? Sie sit-zen im Was-ser und wa-schen die Schwänz.
2. Gre-tel Pa-ste-tel, was macht eu-er Hahn? Er sitzt auf der Mau-er und kräht was er kann.

(Wer findet noch andere Verse?)

Dies und das

37

Sau-er-kraut und Le-ber-wurst, mor-gen kommt die Tan-te.
Bringt 'en Sack voll Le-ber-wurst für die Mu-si-kan-ten.

Tam tam tam tam tü-te-lü-te-lü,

tam tam tam tam tü-te-lü-te-lü, bringt 'en Sack voll Le-ber-wurst für die Mu-si-kan-ten.

Der Mond ist aufgegangen

J. A. P. Schulz (1790)

Der Mond ist auf-ge-gan-gen, die gold-nen Stern-lein pran-gen am Him-mel hell und klar, der

Wald steht schwarz und schwei-get, und aus den Wie-sen stei-get der wei-ße Ne-bel wun-der-bar.

Grüß Gott, du schöner Maien (auch im Kanon)

Volksweise

1. Grüß Gott, du schö-ner Mai - en, da bist du wie-drum hier.
Tust jung und alt er-freu - en mit dei-ner Blu-men-zier. Die lie-ben Vög-lein

al - le, sie sin-gen al-so hell, Frau Nach-ti-gall mit Schal - le hat die für-nehm-ste Stell.

2. Die kalten Wind verstummen, der Himmel ist gar blau.   O holde Lust im Maien, da alles neu erblüht.
Die lieben Bienlein summen daher von grüner Au.   Du kannst mir sehr erfreuen mein Herz und mein Gemüt.

Himmel und Erde (Kanon)

Mündlich überliefert

Him - mel und Er - de müs-sen ver-gehn. A - ber die Mu - si - ci,

a - ber die Mu - si - ci, a - ber die Mu - si - ci blei-ben be-stehn.

*) Achtet auf die Einsätze! Wo müssen die Pausen verlängert werden? — Die 2. Stimme, bis auf die anders angegebenen Stellen, in Terzen zu spielen.

Froh zu sein!

41

Froh zu sein be - darf es we - nig, und wer froh ist, ist ein Kö - nig.

Wenn ich ein Vöglein wär! (2. Stimme selbst suchen!)

Aus Franken

42

Wenn ich ein Vög - lein wär und auch zwei Flü - gel hätt', flög ich zu

dir. Weil's a - ber nicht kann sein, weil's a - ber nicht kann sein, bleib ich all - hier.

Wie heißt das hier angefangene Lied? Spielen und aufschreiben! Spielt möglichst viele der bereits gelernten oder sonst euch bekannten Lieder und Stücke auswendig!

Im Märzen der Bauer

Aus Mähren

43

1. Im Mär - zen der Bau - er die Röß - lein ein - spannt,
er pfle - get und pflan - zet all' Bäu - me im Land.

Er ak - kert, er

eg - get, er pflan - zet und sät, und regt sei - ne Hän - de gar früh und gar spät.

2. Den Rechen, den Spaten, den nimmt er zur Hand
und setzet die Wiesen in ebenen Stand.
Auch pfropft er die Bäume mit edlerem Reis
und spart weder Arbeit, noch Mühe, noch Fleiß.

3. Die Knechte, die Mägde und all sein Gesind,
das regt und bewegt sich wie er so geschwind,
sie singen manch munteres fröhliches Lied
und freun sich von Herzen, wenn alles
[schön blüht.

4. Und ist dann der Frühling und Sommer vorbei,
so füllet die Scheuer der Herbst wieder neu,
und ist voll die Scheuer, voll Keller und Haus,
dann gibt's auch im Winter manch fröhlichen
[Schmaus.

Wohlauf, ihr Wandersleut (2. Stimme selbst suchen!)

Aus Mähren (Wischauer Sprachinsel)

44

1. Wohl - auf, ihr Wan - ders - leut, die ihr her - um tut rei - sen in Län - der weit und breit, seid
wohl - ge - mut und wohl - ge - tröst', weil Gott ein Wan - ders - mann ge - west auf Er - den lan - ge Zeit.

2. Durch Disteln und durch Dorn'
muß ich gar oftmals wandern,
ich bin dazu gebor'n,
ich fürcht kein' Schnee, kein' Kält, kein' Hitz,
obgleich ich auch bisweilen schwitz,
von Gott kommt der Gewinn.

3. Die Mahlzeit ist ganz klein,
es ist ja nur ein Stückchen Brot,
das Wasser ist der Wein,
das trockne Brot ist mein Kapaun,
ich hab kein Wildbret, kein Fasaun,
tu gleich noch fröhlich sein.

4. Wann kommt die Nacht herzu,
bitt ich den Wirt um Heu und Stroh,
leg mich darauf zur Ruh.
Die Müdigkeit macht, daß ich schlaf'
viel besser als ein Fürst und Graf,
der Federn hat genug.

Grün, grün, grün sind alle meine Kleider

Durch ganz Deutschland

1. Grün, grün, grün sind al - le mei - ne Klei - der, grün, grün, grün ist al - les was ich hab.

Dar - um lieb ich al - les was so grün ist, weil mein Schatz ein Jä - ger, Jä - ger ist.

2. Weiß sind alle meine Kleider, weiß liebt jedermann . . . . Bäcker . . . .
3. Schwarz sind alle meine Kleider, schwarz liebt jedermann . . . . Schornsteinfeger . . . .
4. Bunt sind alle meine Kleider, bunt liebt jedermann . . . . Maler . . . .

Nun will der Lenz uns grüßen

13. Jahrh.

1. Nun will der Lenz uns grü - ßen, von Mit - tag weht es lau. Aus al - len Wie - sen

sprie - ßen die Blu - men rot und blau. Draus wob die brau - ne Hei - de sich

ein Ge - wand gar fein und lädt im Fest - tags - klei - de zum Mai - en - tan - ze ein.

2. Waldvöglein Lieder singen, wie ihr sie nur begehrt,
drum auf zum frohen Springen, die Reis' ist Goldes wert!
Hei, unter grünen Linden, da leuchten weiße Kleid'!
Heija, nun hat uns Kinden ein End all Wintersleid.

,

NEUNTES KAPITEL

Der Ton e″   **Der Ton f″**
engl. oder barocke
Griffweise

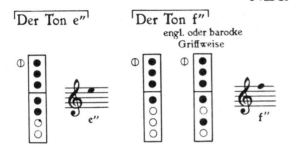

Wir greifen e″ und f″ genau wie e′ und f′, öffnen nur durch Einknicken des Daumens ein wenig das „Überblaseloch." Dadurch wird der Ton überblasen, d. h. er klingt eine Oktave höher.

Storch, Storch, Steine

Storch, Storch, Stei - ne, mit de lan - ge Bei - ne, flieg ü - bers Bäk - ker - haus, hol zwei

Weck her - aus, mir ei - nen, dir ei - nen, bö - se Bu - we gar kei - nen.

suckt ähnliche Kinderreime!

Wenn wir von den Tönen a′, b′, c″ oder d″ zu den Tönen e″ oder f″ übergehen, können wir eine vereinfachte Griffart anwenden: wir greifen die Töne in der vorgeschriebenen Weise, lassen dabei aber das Daumenloch und das 7. Griffloch geöffnet.

Dort oben am Berge gucku

49

Dort o-ben am Ber-ge guk-ku, sitzt grad so ein Mä-del wie du!
Komm run-ter, mein Mä-del, zu mir, dann schenk ich ein Äp-fel-chen dir!

Fuhrmann und Fährmann

Aus Westfalen

50

Was macht der Fuhr-mann? Der Fuhr-mann spannt den Wa-gen an, die Pfer-de ziehn, die

Peit-sche knallt, daß laut es durch die Stra-ßen schallt. He, Fuhr-mann, he, he, he, hol-la he!

2. Was macht der Fährmann? Der Fährmann legt am Ufer an und denkt:
Ich halt nicht lange still, es komme, wer da kommen will.
He, Fährmann, he, he, he, holla he!

Jetzt fahrn wir übern See

Volkslied aus Böhmen

51

Jetzt fahrn wir ü-bern See, übern See, jetzt fahrn wir ü-bern See, mit ei-ner höl-zern

Wur-zel, Wur-zel, Wur-zel, Wur-zel, mit ei-ner höl-zern Wur-zel, ein Ru-der war nicht dran.

2. Und als wir drüben warn, da sangen alle Vöglein, der helle Tag brach an.
3. Der Jäger rief ins Horn, da bliesen alle Jäger, ein jeder in sein Horn.

*) Wer hier singt oder spielt, zahlt ein Pfand

Wacht auf, es krähte der Hahn! (Kanon)

J. J. Wachsmann

52

Wacht auf, wacht auf, es kräh-te der Hahn! Die Son-ne be-tritt die gol-de-ne Bahn.

Der Mai, der Mai, der lustige Mai

Weise nach einem alten Maientanze aus dem Siebengebirge

53

Der Mai, der Mai, der lu-sti-ge Mai, der kommt her-an-ge-rau-schet. Ich

ging in den Busch und brach mir ei-nen Mai, der Mai und der war grü-ne.

Tra - la - la, tra - la - la - la - la - la, der Mai und der war grü - ne.

Kanon

54

Er-wacht, ihr Schläfer, drin-nen! Der Kuckuck hat ge-schrien. Dort auf des Berges Zin-nen seht ihr die Sonn' er-glüh'n!

Er - wa-chet, er - wa-chet, der Kuk-kuck hat ge-schrien. Kuk-kuck, Kuk-kuck, er - wa-chet!

28

Ade zur guten Nacht

Aus Sachsen

A - de zur gu - ten Nacht, jetzt wird der Schluß ge - macht, daß ich muß schei -

- den. Im Som - mer wächst der Klee, im Win - ter schneit's den Schnee, dann komm ich wie - der.

O Tannenbaum

Westfälisches Volkslied

O Tan - nen-baum, o Tan - nen-baum, du frägst ein' grü - nen Zweig, den Win - ter, den

Som - mer, das dau'rt die lie - be Zeit.

2. „Warum sollt ich nicht grünen, da ich noch grünen kann? Ich hab nicht Mutter noch Vater, der mich versorgen kann.

3. Und der mich kann versorgen, das ist der liebe Gott, der läßt mich wachsen und grünen, drum bin ich stark und groß."

Hirtenweise

1. 2.

Wie heißt dieses Lied? Selbst weitersuchen, auch im Kanon spielen.

Schnitter Tod   Taktwechsel

58

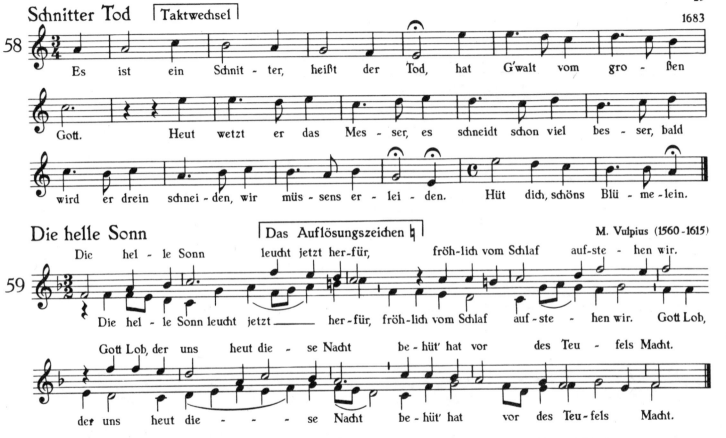

Es ist ein Schnit - ter, heißt der Tod, hat G'walt vom gro - ßen
Gott. Heut wetzt er das Mes - ser, es schneidt schon viel bes - ser, bald
wird er drein schnei - den, wir müs - sens er - lei - den. Hüt dich, schöns Blü - me - lein.

Die helle Sonn   Das Auflösungszeichen ♮

M. Vulpius (1560-1615)

59

Die hel - le Sonn leucht jetzt her - für, fröh - lich vom Schlaf auf - ste - hen wir.

Die hel - le Sonn leucht jetzt _____ her - für, fröh - lich vom Schlaf auf - ste - hen wir. Gott Lob,

Gott Lob, der uns heut die - se Nacht be - hüt' hat vor des Teu - fels Macht.

der uns heut die - - se Nacht be - hüt' hat vor des Teu - fels Macht.

2. Herr Christ, den Tag uns auch behüt
vor Sünd und Schand durch deine Güt,
laß deine lieben Engelein
unsre Hüter und Wächter sein.

3. Laß unser Werk geraten wohl,
was jeder heut ausrichten soll,
daß unsre Arbeit, Müh und Fleiß
gereich zu deinem Lob und Preis.

Die Sechzehntelnote:

Flötensignale Rhythmus auch klatschen oder klopfen

usw. dieselbe Übung 1 u. auch 2 Stufen tiefer!

Lustiger Springer

H. R.

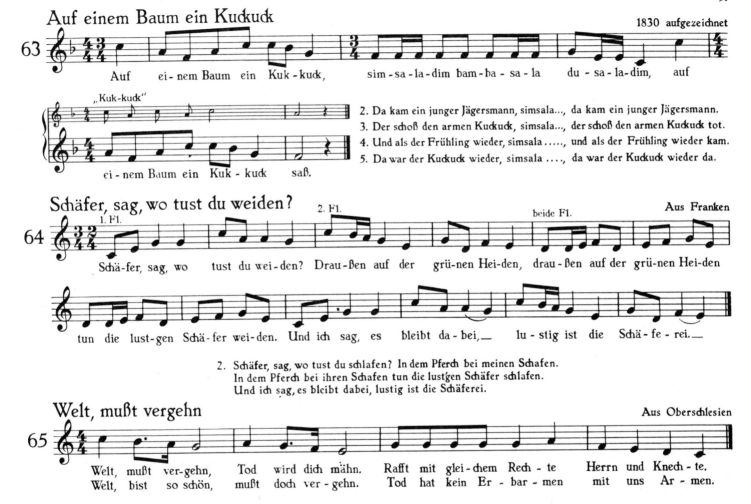

Auf einem Baum ein Kuckuck

1830 aufgezeichnet

63

Auf ei - nem Baum ein Kuk - kuck, sim - sa - la - dim bam - ba - sa - la du - sa - la - dim, auf

„Kuk-kuck"

ei - nem Baum ein Kuk - kuck saß.

2. Da kam ein junger Jägersmann, simsala..., da kam ein junger Jägersmann.
3. Der schoß den armen Kuckuck, simsala..., der schoß den armen Kuckuck tot.
4. Und als der Frühling wieder, simsala....., und als der Frühling wieder kam.
5. Da war der Kuckuck wieder, simsala ...., da war der Kuckuck wieder da.

Schäfer, sag, wo tust du weiden?

Aus Franken

1. Fl.   2. Fl.   beide Fl.

64

Schä - fer, sag, wo tust du wei - den? Drau - ßen auf der grü - nen Hei - den, drau - ßen auf der grü - nen Hei - den

tun die lust - gen Schä - fer wei - den. Und ich sag, es bleibt da - bei, — lu - stig ist die Schä - fe - rei. —

2. Schäfer, sag, wo tust du schlafen? In dem Pferch bei meinen Schafen.
In dem Pferch bei ihren Schafen tun die lustgen Schäfer schlafen.
Und ich sag, es bleibt dabei, lustig ist die Schäferei.

Welt, mußt vergehn

Aus Oberschlesien

65

Welt, mußt ver - gehn, Tod wird dich mähn. Rafft mit glei - chem Rech - te Herrn und Knech - te.
Welt, bist so schön, mußt doch ver - gehn. Tod hat kein Er - bar - men mit uns Ar - men.

Ein Männ-lein steht im Wal - de

usw. selbst suchen! Wo findet ihr die ♪. ♪ ?

Märkischer Bauerntanz

Erfindet zu Nr. 66 und zu anderen besonders geeigneten Stücken und Liedern passende Schlagrhythmen!

66

Die lustigen Musikanten

67

Wie geht mei-ne klei-ne Flö-te? Dü dü dü dü dü dü, dü dü dü dü dü dü, geht mei-ne klei-ne Flö-te.
Sucht weitere Verse!

Erntelied *)

J. A. P. Schulz

68

Wir brin-gen mit Ge - sang und Tanz dir die-sen blan-ken Äh-ren-kranz durch

*) Die 2. Stimme kann vom Lehrer oder von fortgeschritteneren Schülern übernommen werden

Bräu - ti-gam und Braut. Die Fie - del und O - bo - e schallt, die Glok - ken geh'n, und

jung und alt springt hoch und jauch-zet laut, springt hoch und jauch-zet ___ laut.

Wer steht da draußen

Weise aus Schlesien

69

1. Fl.

Wer steht da drau - ßen, Frau Mutter Ty-lo-dein? Wer steht da

2. Fl.

drau-ßen, Frau Mut - ter? „Ein schön jung Jä-ger-lein, mein liebes Töch-ter-lein, ein schön jung Jä-ger-lein, mei-ne Toch-

-ter." Tra la la la la la la la, tra la la la la la la la la, tra la la la la la la la la, tra la la la la.

ELFTES KAPITEL

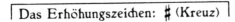

Das Erhöhungszeichen: ♯ (Kreuz)

Blast das Lied Nr. 40 Himmel und Erde... noch einmal! Fangt aber mit *b'* an, also eine Stufe höher. Welcher Ton klingt falsch? (An zwei Stellen.) Der Ton *f* muß höher klingen. Das erhöhte *f* heißt *fis*.

Blast das *fis* sehr zart an, da es ohnedies schon etwas hoch klingt!

Sommerlied

Aus der Rheinpfalz

70

Tra - ri - ra, der Som - mer der ist da! Wir wol - len in den Gar - ten und wolln des Som - mers war - ten. Ja, ja, ja, der Som - mer der ist da.

2. Wir wollen hinter Hecken und woll'n den Sommer wecken.
3. Der Sommer hat gewonnen, der Winter ist zerronnen.

Sandmännchen

Worte und Weise
W. von Zuccalmaglio 1840

71

Die Blü - me - lein, sie schla - fen schon längst im Mon - den - schein.
Sie nik - ken mit dem Köpf - chen auf ih - ren Sten - ge - lein.

Es rüt - telt sich der Blü - ten - baum, er säu - selt wie im Traum. Schla - fe, schla - fe, schla - fe, schlaf du mein Kin - de - lein.

Der Winter ist vergangen

Weise um 1600

72 Der Win-ter ist ver-gan - gen, ich seh des Mai-en Schein. Ich seh die Blüm-lein

Der Win-ter ist ver-gan - gen, ich seh des Mai - en Schein. Ich

pran - gen, des ist mein Herz er - freut. So fern in je - nem Ta - le, da

seh die Blüm-lein pran - gen, des ist mein Herz er - freut. So fern in je - nem

ist gar lu -stig sein, da singt Frau Nach-ti - gal - le und manch Wald - vö - ge - lein.____

Ta - le, da ist gar lu -stig sein, da singt Frau Nach-ti - gal - le und manch Wald - vö - ge-lein.

2. Ich geh ein Mai zu hauen hin durch das grüne Gras,
schenk meinem Buhl die Treue, die mir die Liebste was.
Und bitt', daß sie mag kommen, all an dem Fenster stan,
empfang'n den Mai mit Blumen, er ist gar wohl getan.

3. Ade, mein Allerliebste, ade, schöns Blümlein fein,
ade, schön' Rosenblume, es muß geschieden sein!
Bis daß ich wieder komme, bleibst du die Liebste mein,
das Herz in meinem Leibe gehört ja allzeit dein.

Kein schöner Land

19. Jahrhundert

73

1. Kein schö-ner Land in die-ser Zeit, als hier das uns-re weit und breit, wo wir uns fin-den wohl un-ter

Lin-den zur A-bend-zeit, wo wir uns fin-den wohl un-ter Lin-den zur A-bend-zeit.

2. Da haben wir so manche Stund
gesessen da in froher Rund
und taten singen, die Lieder klingen im Eichengrund.

3. Daß wir uns hier in diesem Tal
noch treffen sovielhundertmal,
Gott mag es schenken, Gott mag es lenken, er hat die Gnad.

4. Jetzt, Brüder, eine gute Nacht,
der Herr im hohen Himmel wacht,
in seiner Güten uns zu behüten, ist er bedacht!

Laufet, ihr Hirten

Aus Schlesien

74

1. (O) Lau-fet, ihr Hir-ten, lauft al-le zu-gleich,
neh-met Schal-mei-en und Pfei-fen mit euch!

Lauft al-le zu-mal mit freu-di-gem Schall nach Beth-le-hem zum Kripplein, zum Kripp-lein im Stall.

2. Ein Kindlein ist zu sehen, wie ein Engel so schön.
Dabei auch sein liebreicher Vater tut stehn.
Eine Jungfrau, schön zart, nach englischer Art.
Es hat mich erbarmet ganz inniglich hart.

3. Mein Nachbar, lauf hurtig, brings Wieglein daher.
Wills Kindlein dreinlegen, es frieret so sehr.
Ei, eiapopei, liebs Kindlein schlaf ein!
Im Kripplein, zarts Jesulein, ei, eiapopei!

Jetzt fängt das schöne Frühjahr an

Aus Franken

75

Jetzt fängt das schö - ne Früh-jahr an, und al - les fängt zu blü-hen an auf grü-ner Heid und ü - ber - all.

Ritornell

2. Es blühen Blümlein auf dem Feld,
sie blühen weiß, blau, rot und gelb,
es gibt nichts Schöneres auf der Welt.

3. Jetzt geh ich über Berg und Tal,
da hört man schon die Nachtigall
auf grüner Heid und überall.

Wanderlied

Aus Franken

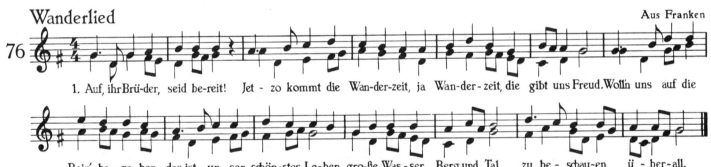

76

1. Auf, ihr Brü-der, seid be-reit! Jet - zo kommt die Wan-der-zeit, ja Wan-der-zeit, die gibt uns Freud. Wolln uns auf die

Reis' be - ge - ben, das ist un-ser schön-stes Le-ben, gro-ße Was-ser, Berg und Tal zu be - schau-en ü - ber-all.

2. An dem schönen Donaufluß
findet man ja seine Lust,
ja seine Freud auf grüner Heid,
wo die Vöglein lieblich singen
und die Hirschlein fröhlich springen,
dann kommt man vor eine Stadt,
wo man gute Arbeit hat.

3. Mancher hinterm Ofen sitzt
und dabei die Ohren spitzt,
kein Stund fürs Haus ist kommen aus.
Den soll man als G'sell erkennen
oder gar als Meister nennen,
der mir weiß von seiner Stadt,
wo er drin gelernet hat.

4. Morgens wenn der Tag angeht
und die Sonn am Himmel steht,
so herrlich rot wie Milch und Blut:
auf, ihr Brüder, laßt uns reisen,
laßt dem Herrn uns Dank erweisen,
hier in dieser Wanderzeit,
bis in alle Ewigkeit.

ZWÖLFTES KAPITEL

Der Ton g''

Der Ton a''

Wir greifen die beiden Töne genau wie *g' a'* und überblasen wie im 9. Kapitel beschrieben. Diese Überblastöne gelingen meistens nicht gleich. Übt sie recht oft! Blast aber nicht zu stark in die Flöte, sonst klingen sie zu hart!

Bei dreistimmigen Liedern, die auf ein Liniensystem notiert sind, empfiehlt es sich, die einzelnen Stimmen auf drei Systeme getrennt untereinander zu schreiben.

Wir pflügen und wir streuen

Joh. Abr. Peter Schulz (1747–1800)

77

Wir pflü-gen und wir streu-en den Sa-men auf das Land, doch Wachs-tum und Ge-dei-hen steht in des Him-mels

Hand. Der tut mit lei-sem We-hen sich mild und heim-lich auf und träuft, wenn heim wir ge-hen, Wuchs und Ge-dei-hen drauf.

Al-le gu-te Ga-be kommt her von Gott dem Herrn. Drum dankt ihm, dankt, drum dankt ihm, dankt, und hofft auf ihn!

2. Was nah ist und was ferne, von Gott kommt alles her:
der Strohhalm und die Sterne, das Sandkorn und das Meer.
Von ihm sind Büsch und Blätter und Korn und Obst, von ihm
das schöne Frühlingswetter und Schnee und Ungestüm.

3. Er läßt die Sonn aufgehen, er stellt des Mondes Lauf,
er läßt die Winde wehen und tut die Wolken auf.
Er schenkt uns soviel Freude, er macht uns frisch und rot,
er gibt den Kühen Weide und unsern Kindern Brot.

ᴡ = Praller

Heut ist ein freudenreicher Tag

Weise aus Salzburg
Worte aus Bayern und Franken

78

Vor- und Nachspiel

Vorsänger

1. Heut ist ein freu-den-rei-cher

Chor

Sommer und Winter in verteil-
ten Rollen zu singen

Tag, daß man den Sommer ge-win-nen mag. Ihr Her-ren mein, der Sommer ist fein!

2. Ich bin der Winter mit ganzem Fleiß, zu meiner Zeit werden die Felder weiß. Ihr Herren mein, der Winter ist fein!

3. Ich bin der Sommer, also kühn, zu meiner Zeit werden die Felder grün. Ihr Herren mein, der Sommer ist fein!

4. O Winter, du brauchst mir jetzt nicht mehr viel sag'n, ich werd' dich bald zu der Tür hinausjag'n. Ihr Herren mein, der Sommer ist fein!

5. Ihr lieben Herren, jetzt bin ich veracht', der Sommer hat mich zu Schanden gebracht. Ihr Herren mein, der Winter war fein!

Es, es, es und es

Volksweise aus dem 18. Jahrhundert

79

1. {Es, es, es und es, es ist ein har-ter Schluß,}
{weil, weil, weil und weil, weil ich aus Frank-furt muß.}

Drum schlag ich Frank-furt

aus dem Sinn und wen-de mich, Gott weiß wo-hin. Ich will mein Glück pro-bie-ren, mar-schie-ren.

2. Er, er, er und er, Herr Meister, leb er wohl!
Ich sag's ihm grad frei ins Gesicht,
seine Arbeit, die gefällt mir nicht.

3. Sie, sie, sie und sie, Frau Meistrin, leb sie wohl.
Ich sag's ihr grad frei ins Gesicht,
ihr Speck und Kraut, das schmeckt mir nicht.

4. Sie, sie, sie und sie, Jungfer Köchin, leb sie wohl!
Hätt' sie das Essen gut angericht',
so wär ich auch gewandert nicht.

5. Ihr, ihr, ihr und ihr, ihr Brüder, lebet wohl!
Hab ich euch was zuleid getan,
so bitt' ich um Verzeihung an.

Auf, auf zum fröhlichen Jagen!

Volkslied aus Kärnten

80

1. {Auf, auf zum fröh-li-chen Ja-gen, auf
{Es fängt schon an zu ta-gen, es

in die grü-ne Heid! Die Vö-gel in den Wäl-dern sind schon vom Schlaf er-wacht und
ist die schön-ste Zeit.

ha-ben auf den Fel-dern das Mor-gen-lied voll-bracht. Tri-di-he-jo-di he-jo-di

he-di he-di o tri-di-o, he-jo-di he-jo-di he-di he tri-di-o!

2. Frühmorgens, als der Jäger in grünen Walde kam,
da sah er mit Vergnügen das schöne Wildbret an.
Die Gamslein, Paar um Paare, sie kommen von weit her,
die Rehe und die Hirschlein, das schöne Wildbret schwer.

3. Das edle Jägerleben vergnüget meine Brust,
dem Wilde nachzustreifen, ist meine höchste Lust.
Wir laden unsre Büchsen mit Pulver und mit Blei,
wir führ'n das schönste Leben, im Walde sein wir frei.

DREIZEHNTES KAPITEL

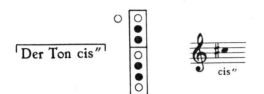

Der Ton cis″

cis″

Wollen wir von d′ aus die Tonleiter aufbauen, so brauchen wir außer dem erhöhten Ton f′ noch den erhöhten Ton c″, also fis′ und cis″. Spielt diese Tonleiter und schreibt sie auf! Versetzt das Lied Nr. 26 sowie andere Lieder aus dem 6. und 7. Kapitel von C-dur nach D-dur.

Mein Stimme klinge

Valentin Rathgeber 1733

81

Mein Stimme klin - ge, mein Zun-ge sin - ge Fröhlichkeit und Scherz, al - les, was ein Herz er-freuen kann.
Las-set die Sor-gen sein, stimmt in den Ju - bel ein, eh der Tag verklingt und die Nacht versinkt, was froh begann!

Ein Narr, wer sich verschließt, den je - de Lust verdrießt! Kommet all herbei, wer's auch immer sei, noch sind wir jung.

Marsch

82

42

Menuett

G. Fr. Händel

83

Auszug

H. R.

84

Fine

Von vorn bis Fine (Ende)

Coda (Nachklang)

Lebendiger Vortrag

Wie es beim Vortrag eines Gedichtes mit einem Heruntersagen der Worte noch nicht getan ist, so ist es auch beim Vortrag eines Musikstückes mit einem bloßen Herunterspielen nicht getan. Kommt es bei einem Gedicht auf eine gute und sinngemäße Aussprache und auf eine übersichtliche Gliederung an, so erzielen wir auch in der Musik durch gute und sinnvolle „Aussprache" (Tonbildung, Artikulation) und übersichtliche Gliederung (Phrasierung) einen lebendigen Ausdruck.

Bisher haben wir meistens jeden Ton g e sondert angestoßen und mehrere Töne möglichst lückenlos aneinandergereiht. Die Gliederung ergab sich durch Beachtung der Atmung, die sinngemäß der des gesungenen Liedes entsprach.

Es ergeben sich folgende Arten der Artikulation:
1. Jeder Ton wird gesondert angestoßen.
   a) Anstoß bleibt immer bestimmt, deutlich vernehmbar, Töne gesondert ! (Die häufigste Spielart.)
   b) Anstoß (besonders bei schnellen Folgen) verschwindend gering, Töne fast verschmolzen.
   c) Töne werden kurz gestoßen ♩♩♩ = staccato.
2. Zwei oder mehrere Töne folgen auf e i n e n Anstoß (gebundenes Spiel = legato).

Triller
tr

Der Triller, der auch wegbleiben kann, ist von einem Schüler auszuführen.

Hirtenmarsch

Nach einer alten Hirtenmelodie

85

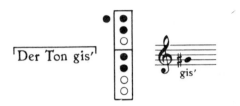

Der Ton gis'

Wie wir die Töne *b* erniedrigt, *f* und *c* erhöht haben, so können wir schließlich jeden Ton erniedrigen und erhöhen. Für unser Flötenspiel genügen im allgemeinen noch die Töne *gis* (*g'* erhöht) oder, was dem Klang nach dasselbe bedeutet, *as* (*a'* erniedrigt).

Gute Nacht

Altenglisch

86

Gu - te Nacht! Nun ru - het bis der Tag er - wacht und die gold - ne Mor - gen - son - ne euch an - lacht.

(Nacheinander schließen, dann gemeinsam „Gute Nacht")

So treiben wir den Winter aus

Alter Gesang beim Frühlingsfest

87

1. So trei - ben wir den Win - ter aus, durch uns - re Stadt zum Tor hin - aus. Es war - tet drau - ßen

schon der Mai, den Som - mer ho - len wir her - bei.

2. Wir stürzen ihn von Berg zu Tal, damit er sich zu Tode fall. Wir jagen ihn über die Heiden, daß er den Tod muß leiden.

3. Nun haben den Winter wir ausgetrieben, so bringen wir den Sommer her wieder, den Sommer und den Maien, die Blümlein mancherleien.

Viva la musica

Spielt den Kanon auch einen Ton tiefer! Schreibt ihn vorher auf!   Mich. Praetorius (1571-1621)

88

Vi - va, vi - va la mu - si - ca! Vi - va, vi - va la mu - si - ca! Vi - va la mu - si - ca!

*) statt *gis* kann auch *g* gespielt werden.

Einzug (nach einem Thema von Erlebach)

Das Spielgut unserer C-Blockflöte benutzt hauptsächlich die Töne der C-, F-, G- und D-Leiter. Gelegentlich treten noch andere erhöhte oder erniedrigte Töne auf, die wir uns auf der Grifftabelle suchen. Übt sie recht fleißig, sie bereiten schon einige Schwierigkeiten!

O Jesulein zart

17. Jahrhundert

FÜNFZEHNTES KAPITEL

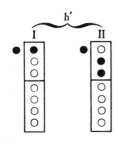

Ein zweiter Griff für h'

Für den Ton *h'* gibt es noch einen zweiten Griff, der den Wechsel nach *c''* wesentlich erleichtert. Er wird zweckmäßig dann angewandt, wenn die Melodie einen raschen Übergang *c''*– *h'* verlangt, aber nicht weiter abwärts steigt, vor allem auch beim Triller *h'*.

Der Winter ist kommen

1. Der Win-ter ist kom-men, ver-stummt ist der Hain. Nun soll uns im Zim-mer ein Lied-chen er - freun.

2. Ein Lied und ein Spiel und ein Tänzchen dabei,
   da sind wir so lustig, als wär es im Mai!

3. Mags immer da draußen recht stürmen und schnei'n,
   Herr Winter soll freundlich willkommen uns sein!

Menuett

G. Fr. Händel (1685 - 1759)

93

Verlag: B. Schott's Söhne, Mainz 35 869